本書特典：神様から金運を授かる不思議な絵
〈お金の神様と同調する三柱鳥居〉

お金の神様と同調（アチューメント）する

三柱鳥居（みはしらとりい）

お金とは、智恵の巡りだと神様はおっしゃられます。

ですから、お金と智恵を生み出すことがお得意だとされる神様方からお力をお借りして、神様の力と同調（アチューメント）できる絵をお作りしました。

対馬の和多津美（わたづみ）神社に御参りしたとき三柱鳥居がありました。三柱鳥居のいわれは様々あるようですが、わたしには、鳥居を通って神様が三方にお出かけになり、四方八方を御守りになっていらっしゃるように視えました。

絵を正面から見た時に真ん中に見える柱（一柱）には大宜都比売神（おおげつひめのかみ）、向かって左側に見える柱（二柱）には天表春命（あまのうわはるのみこと）、右側に見える柱（三柱）には金山毘古神（かなやまびこのかみ）がいらしてくださいます。

心を落ち着けて、絵を見ながら、三柱鳥居の真ん中にあなたが座り、三方から神様に囲まれているイメージをしてください。すると三柱の神様があなたに智慧と金運を授けてくださいます。あなたの三柱の中は清められた場所です。その中で、安心して智慧と金運を受け取ってください。

まさよ
Masayo
365日のお守りメッセージ
日の本の神様あわせ
365 days of good-luck messages
Hi no Moto no Kamisama awase
KADOKAWA

はじめに

こんにちは、まさよです。

本書を手にしてくださいまして、ありがとうございます。

タイトルを見て、「神様あわせ」とはなんだろうと思われたでしょうか。

本書には、わたしを介して降りてきた、100柱の神様の御言葉を載せております。

この神様の御言葉とあなたの心を合わせていただくこと、それが「神様あわせ」です（「神様あわせ」という言葉も視(み)えない存在から教えていただきました）。

それぞれの神様のお姿を脳裏（右脳）に描いてメッセージを受け取り、神様とあなたご自身の心を合わせてくださいませ。

そうすることで、神様があなたのそばにきて、強力に守ってくださいます。

神様のお声を受け取ることで、あなたが道を違わぬように、迷わぬように、その都度あなたを整えたり、あなたの力になってくださったりします。

また、守っていただくと同時に、あなた自身も神様の「癒し人」になります。

この本を手にしたということは、神様から「癒し人」、さらには世に幸せをつなぐ「繋ぎ人」となることを託されたということなのです。

そしてこの本には、現代ではあまりなじみのない、あなたの知らない神様のお名前も多く出てまいります。

でも、神様に意識を向けますと、あなたの右脳にイメージが浮かんできます。

どのような神様で、どんなお姿なのか、あなたの右脳にちゃんと現れてくれます。

そうしているうちに、あなたの右脳の世界がどんどん大きく広がっていきます。

右脳は、無限の宇宙であり、そして神域でもあります。右脳の世界が広がると、視えないことがよく視えてきて、ふしぎな力を受け取れる許容量が増えていくのです。

さあ、本書を使って、呼吸をするように神様と意識を合わせてくださいませ。

本書について

本書には、日本の神様１００柱からの御言葉が入っております。ところどころに入っている心を癒す写真のページには、「魂さん」という光の存在からのメッセージも入っております。魂さんのメッセージは、あなたの心を清らかな無色透明にしてくれます。神様の御言葉や魂さんからのメッセージにあなたの心を合わせることで、「魂の調整」をすることができます。神様の御言葉や魂さんのメッセージが、視えない存在からのあなたへの伝言であり、迷ったあなたの道しるべとなっていくことでしょう。

神様と上手に心を合わせましょう

本書は、毎日ふとしたときに、おみくじのようにパッと開いて、そこにある御言葉を受け取ることができます。

　ここでは、あなたがさらに上手に神様と心を合わせることができるための方法もお伝えしておきますので、時間があるときにはぜひやってみてくださいませ。

●合掌するような形で書籍を手で挟み、あなたの意識を四方八方に広げるイメージをしてください。あなたが地上にある太陽となり、四方に光（意識）を向ける感覚です。

●そのとき、「私はこの地を照らします」または「私に言葉をください」とつぶやきます。

●次に、八百万（やおよろず）の神々に意識をむけて、胸をさすりながら、「静まれ静まれ私の心よ」「私にメッセージをください」とつぶやいてから本を開いてください。

●開いたページの言葉を、声に出して読み上げてください。声に出して読むことで、その音があなたへの祝詞（のりと）となります。朝に開いたら、今日の言葉として、夜に開いたら、一日の終わりの言葉として、また明日への励みとしていただけたらと思います。

●巻末にある〈ひとがた〉にあなたの名前を書いて、しおりのように本の中のメッセージに挟んでおくのもよいでしょう。

「音鳴らし」について

このマークが出てきたら、音を奉納してください。拍手、笛、クリスタルチューナー、ウィンドウチャイムなど、なんでも大丈夫です。音は古代、神様をお呼びするときに宇宙に響かせるものでした。あなたが奏でる音は、あなたの中の神様を呼ぶためのものでもあります。

デザイン　菊池祐
イラスト　甲斐千鶴
写真　©iStockphoto.com/Chayanan/SonerCdem/harmonicform/Chris Gordon/RomoloTavani
DTP　NOAH
校正　小倉優子
編集　高見葉子（KADOKAWA）

365日の
お守り
メッセージ

日の本の神様あわせ

1

記憶

瀬織津姫(せおりつひめ)
からのメッセージ

男（おのこ）か女（おなご）かではなく、異の国か故（こ）の国かではなく、現（うつ）し世か隠し世ではなく、ただわれがあり、われ存在せしものなり。そなたが存在しているようにただある。そなたの存在を思うてみよ。

まさよのワンポイント

あなたが誰なのかということを、あなた自身に気づいて欲しいのです。あなたはあなた以外にはいない、大切な存在なのです。

2

放つ

瀬織津（せおりつ）の黒龍（こくりゅう）
からのメッセージ

忘れぬ忘れぬ、いつでも捧げるこの力、そなたの利き手にわれ思い出したもう。みなぎるこの力、いつでも使おう。

まさよのワンポイント

「いつでもあなたの力になる」という黒龍さんの覚悟を、あなたも知ってください。黒龍さんは、必ずあなたのそばにおられます。

3

運ぶ

宇迦之御魂神(うかのみたまのかみ)
からのメッセージ

遠き日、この地に貢ぎ物を抱えしやってきた。この国は宝の国ぞ。宝の民の中で宝の神となりしとき、地が治まり太平となる。そなたも宝の民となれ。宝を賜っていること、忘れてはならぬ。

まさよのワンポイント

この豊かな日の本に生まれてきたことは、あなたの大いなる喜びです。ただ感謝して喜びましょう。

呼ぶ

白(しろ)きつね
からのメッセージ

音鳴りで気づく、音鳴りはわれを呼ぶ合図なり。神様に届けようぞ、そなたの思い。

まさよのワンポイント

いつでもひょいと身軽にあなたのために動いてくださる、おどけた白きつね。ぜひ可愛がってくださいませ。名前を付けてあげるのもいいでしょう。

5

返す

枛津姫（つまつひめ）
からのメッセージ

雨を返す、海を返す、川を返す。それらはわが御霊（みたま）。そなたの心返す、笑み返す、奪われたものを、そなたに戻そう。

まさよのワンポイント

安心してください。あなたは何も奪われてはいないのです。あなたの心は常に愛に満ちあふれています。そして神様はいつもあふれんばかりの愛をくださいます。

一族

八代龍王(はちだいりゅうおう)
からのメッセージ

われ多くの智恵の集合なり。智恵を出し御名を守ることに長けしもの。智恵を貸そう、さずけよう。そなたの智恵閃光のごとし。

まさよのワンポイント

わたしたちには、八代龍王からたくさんの智恵を託されています。わたしたちはそれをいつでも使えるのです。使い方は、あなたが意図すること、それだけです。

7

生まれる

伊邪那美(いざなみ)
からのメッセージ

命生ましこと、人の中に神ありてまた人が神をつくる。とき巡ることを逡巡(しゅんじゅん)してはならぬ。消滅するもまたよきこと、美しきなり。美しきそなたであれ。

まさよのワンポイント

何かを失うことや消えゆくことは、決して悲しいことではありません。あなたの記憶は常に新しくなっているのです。あなたは希望をたくさん持って生まれてきたのです。

8

姿

弁財天（べんざいてん）
からのメッセージ

われの姿を見よ。われの姿はそなたの姿なり。美しきかどうかは、そのときどきで変わるもの。そなたの変化をただ見つめよ。

まさよの
ワンポイント

この世に変わらないものはありません。あなたもきっと変わってきたのだと思います。変わることは大切なことだとそう思います。どうか変わったあなたを責めないでください。

9

未知

やわたのめのかみ　じんぐうこうごう

八幡女神（神功皇后）からのメッセージ

未知は道なり。勇ましき心は道を開く。真っ暗な道を進むことは、手探りでも進めばやがて必ず手にするものがあり。恐れをいま勇気に変えよ。

まさよのワンポイント

何かを始めること、知らない場所に行くことは怖い反面、新たな出会いもあるものです。あとは天にお任せをすれば、それでよいのだと思います。大丈夫。あなたなら大丈夫。

10

固執

大神実女神

からのメッセージ

栄華（えいが）は必ず変化するもの。朽（く）ちるのではなく遷移（せんい）するだけである。遷移するには環境だけではなく、心もともに移行せしもの。ときは無常なり。

まさよのワンポイント

過去や古いものに縛られなくてもいいのです。環境と一緒に、心もするりと着替えてしまいましょう。新しいあなたには、新しい服（オーラ）が似合います。

11

託(たく)す

乙橘姫(おとたちばなひめ)からのメッセージ

おのれの身を損じるは愚かなり。しかしこの世びとの平安を願えば、身を捧げることは民の種子になり糧（かて）になりて、人々の労（いたわ）りは神々の滋養となりにけり。

まさよのワンポイント

あなた自身を決して過小評価しないでください。あなたの経験してきたその苦楽は、必ず誰かのためになっているのです。あなたは愛の種なのです。

12

軽やか

志那都姫神(しなつひめのかみ)
からのメッセージ

風は無限にどこまでも吹き抜けてゆく。風に終わりはなく、起きては消えてゆく。目処(めど)に躍起(やっき)になることなかれ。いまがそなたの目処である。

まさよのワンポイント

視えないこと、探しても探してもわからないことは、わからないままにしているのも、ときにはいいのです。あなたは間違えてはいません。

波

あなたのまわりが嵐でも、
あなたは凪（なぎ）でいてください。
あなたのまわりが強風でも、
あなたはそよ風でいてください。
あなたのまわりが意地悪でも、
あなたは優しくしてください。
愛でいてください。

あなたが平穏なら、
まわりはいずれ
穏やかになるでしょう。
愛とはそういうものだから。

あなたを広げてください、
この地上にこの宇宙に、
あなたの波を。

13

定める

卑弥呼（ひみこ）
からのメッセージ

ただ目覚め、ただ食し、ただ働き続けること。思慮する日もあるが、それが先人たちが望んだ世でもある。安寧（あんねい）の世に、日々に意味を見つけようとすることはつまらぬことなり。

まさよのワンポイント

いま目の前にあることが幸せだと思えたら、それが最高の幸せなのだと思います。そう思えるあなたを祝福してあげてください。

14

改心

鬼子母神（きしもじん）

からのメッセージ

愚かな者、愚かな親なればこそ、愚かな心に気づくことありて、その心よきに整え深めてゆく。愚かであること具足なり。

まさよのワンポイント

自分を愚かだと思う心を宝物のように大切にしてくださいませ。おのれの愚かさを知ることで、わたしたちは新たな叡智(えいち)を得ることができます。あなたはあなたのままで大丈夫です。

15

創造

罔象女神(みつはのめのかみ)
からのメッセージ

われ姿なきにしてそなたの中で生きる。そなたの創造でわれ生きる。われを生かしたまへ、そなたの中で。さすれば妙を得る。

まさよのワンポイント

わたしたちの中には、多くの神様が存在していいます。あとは、あなたがそのことに気づくだけです。

16

勇気

天乃女神（あめのうずめ）
からのメッセージ

なにごとも明けぬ夜はなし。待つこととは、すなわちそなたが勇気を持つこと。待つとは覚悟がいるもの。

まさよのワンポイント

いつになるかわからないし、それが本当にあるのかもわからないけれど、「いつか」という希望を持つことは、あなたの人生を幸せに生きるための栄養になります。

17

はじまり

月姫（つきひめ）

からのメッセージ

はじめて降り立つとき、人の世のはじまりを知る。すべてにはじまりがあり、それはあなたの物語なり。人は誰もが、この世に降り立つ物語がある。そなたの物語を作りなさい。いまここから心晴れる物語を語りなさい。

まさよのワンポイント

あなたの人生は、あなたが創るものです。あなたは、あなた自身の人生を愛で創れるのです。愛いっぱいの物語を創りましょう。

18

迷い

茅乃姫（かやのひめ）
からのメッセージ

迷うとき、揺れるとき、おのれの真意を見よ。おのれの心知らぬまま動くは愚かなり。おのれの心を知るは返答ありき。おのれに問いなさい。

まさよのワンポイント

あなたの答えは、ほかの誰でもなく、あなたの胸の内にしまわれているのです。大丈夫。あなたはすべての答えをすでに持っています。何度でも聞いてみましょう。

19

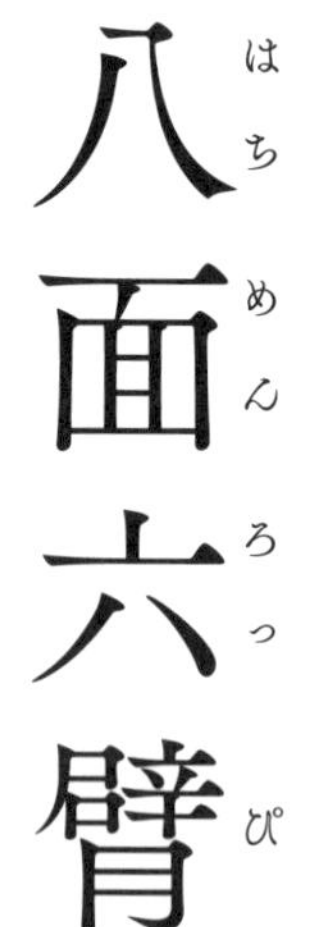

枳喜尼天（だきにてん）からのメッセージ

人とは仏にも神にもなれる、またその逆もしかり。多様な顔を使いわけよ。多くの顔を持つこともまた大事なり。そなたの心域を侵すものには夜叉（やしゃ）の顔となれ。そなたの心が平穏ならば仏の顔となれ。

まさよのワンポイント

人はいい人を演じるばかりではいられません。あなたはもっと自分の感情に正直に、新しいあなたを見せてください。弱い自分も強い自分も、あっていいのです。

20

永遠

天之御中主神（あめのみなかぬしのかみ）
からのメッセージ

星の輝きにて暗闇を知る。われ原始の星なり。星が拡大し宇宙が広がり、また原始の星となる。そこに概念はない。思索してもわからぬものに思い悩むでない。そなたもまた原始の星なり。

まさよのワンポイント

わたしたちには、たくさんの可能性の輝きがあります。それらはすべて、あなたなのです。あなたの魂の輝きは何よりも美しいです。

21

再生

蛸貝姫(うむかいひめ)からのメッセージ

手当てが必要なのは、あなたの心。あなたの悔い。あなたの生きてきた過去にこそ処置が必要だということに気づきなさい。自分への労りは他人への労りにもなります。

まさよのワンポイント

あなたはあなた自身を労ってあげてください。大好きだよ。愛しているよ。ありがとう。えらいね。自分にいくら言っても足りません。

22

潔(いさぎよ)さ

木花知流姫(このはなちるひめ)
からのメッセージ

何を迷っていらっしゃる。思案はいつまで経っても思案のまま。その思案はここに置いていきなさい。狭い心で考えあぐねることは、ときの無駄使いなり。

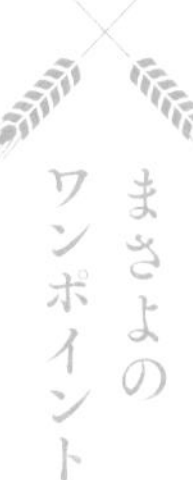

まさよのワンポイント

いくら長く悩み続けても、いくら頭の中で考え続けても、答えは同じです。いまはあなたの目に映るものを見てあげてください。世界はこんなにも美しいのです。

23

とらわれ

思金神（おもいかねのかみ）

からのメッセージ

あなたは自由じゃ。誰よりも自由なのじゃ。あなたには誰にも縛られない自由な心がある。その自由をもう一度思い出してみよ。自由とは叡智を生む創造なり。

まさよのワンポイント

あなたはもう自分を縛らなくてもいいのです。お帰りなさい。あなたの自由な魂さん。

24

信じる

田(た)の神(かみ)
からのメッセージ

神の姿はなきにしもあらず。姿なきからこそ、野に山に神の姿を見せる。この世に神の姿を見つけし、喜びしことすなわちそなたの喜びなり。

まさよのワンポイント

神様にはお姿がないからこそ、あなたの目に映るさまざまな事象に神様を見つけることができます。それがわたしたちの幸せです。

25

強さ

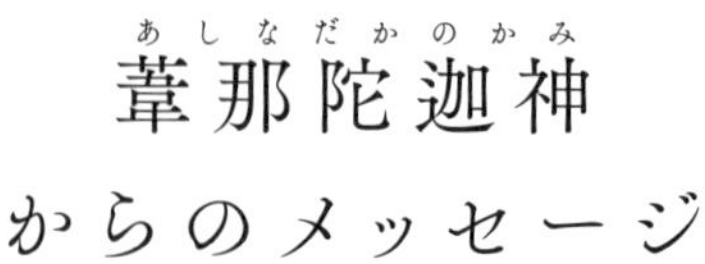

葦那陀迦神（あしなだかのかみ）

からのメッセージ

人の顔色をうかがうなかれ。人の目を恐るるなかれ。中におれ、そなたの中に。さすれば人はそなたを認めるであろう。そなたの根幹とはそれだけ強きものなり。

まさよのワンポイント

ほかの誰かの目を必要以上に気にしなくてもいいのです。あなたにはあなただけが持つ強さがあります。あなたの中には、もはや安心しかないのです。

26

俯瞰（ふかん）

天鳥船神（あめのとりふねのかみ）

からのメッセージ

物事の心理を俯瞰せよ。同じ目線で物事を見ても答えは出てこぬ。上から見下ろしてこそすべてを見通せるもの。行き詰まったとき見下ろしてみるがよい。霧が晴れるように、よき景色が見えるであろう。

まさよのワンポイント

下から見ているときには気づかなかったことも、山に登り上から見てみるとわかることがあります。ときに全体を見ることは、「わたし」に気づくための心の登山なのだと思います。

27

動かす

ないの神（かみ）
からのメッセージ

力では人を動かすことはできぬ。人を動かすにはまず心を動かすことを考えよ。人の心が動けば結果は変わる。そなたの心もまた大きく変わるであろう。

まさよのワンポイント

人を変えることは難しいですね。変えられないことのほうが多いでしょう。どうせ変えられないのなら、あなたの考えが変われればきっとラクになります。

28

指針

塩椎神（しおつちのかみ）

からのメッセージ

暗闇の中に灯台あり。それはそなたのこと。暗闇に明かりを探す前に、そなたの明かりを灯せば、まわりはにわかに明るくなるであろう。人の明かりとなれ。

まさよのワンポイント

人生には暗いトンネルに迷い込んだように思えるときがあります。そういうときは無理に先を見ようとせず、足元を見てください。うっすらでも足元が見えたなら、それは希望です。

この場所

自分に合う場所を探しても、
いつも見つかりません。
自分にできることを探しても、
いつまでも見つかりません。
もうないかもしれないと
探し物をやめてみると、
自分に合う場所が
いまの場所だったりします。

合う場所ではなくて、
自分に合っていく場所にすればいいのです。
それでもどうしても合わないときは、
鳥のように
さっと飛び立てばよいのです。
人には必ず、
どこかに自分の止まり木が
あるのです。

29

依代（よりしろ）

久延毘古命（くえびこのみこと）
からのメッセージ

われは木や草や稲など人が創りしものを依代とす。そなたの依代は何じゃ。そなたの肉体ではあっても、その肉体だけにあらず。そなたも万物のものが依代なり。大きくとらえてみよ。

まさよの
ワンポイント

人は肉体だけで物事をとらえると窮屈に感じますが、すべてのものが自分だと思うと、新しい発想が出てくるのかもしれません。この世界のすべてはあなたです。

30

案ずる

布帝耳神（ふてみみのかみ）

からのメッセージ

先を案じていまがあるのではなくて、いまがあるから案ずるのです。今日の糧がないのなら案じなさい。案じて動きなさい。今日の糧があるのならそれでよしとする。案ずるというのは、その日のことを案ずるのです。

まさよのワンポイント

人は心配性なものです。いつも先を心配しているよりも、今日一日だけは「ありがとう」という気持ちで過ごしてみましょう。「ありがとう」、そう思うと心がホッとします。

31

智恵

大歳神（おおとしのかみ）
からのメッセージ

あなたの智恵は泉の如く、枯れることなどありませぬ。泉とはあなたを助ける糧なのです。智恵は苦しみからは湧(わ)きませぬ。喜びから湧いてこそ、人をうるおし、またそなたをもうるおすもの。

まさよのワンポイント

あなたが誰かの喜ぶ顔を見たいと思うことで、智恵がどんどんあふれます。智恵とは愛の源泉なのかもしれません。

32

微笑(ほほえ)み

高照姫(たかてるひめ)
からのメッセージ

あなたのままでいてください。あなたの心がときに曇っても、あなたの微笑みは朝日のようにまわりを照らします。あなたはあなたのままでいてください。あなたの心に触れる、われ清適（せいてき）なり。

まさよのワンポイント

あなたの心が安らいでいるときの微笑みは、天女のようであり、菩薩のようだと思います。あなたの微笑みは誰かの救いです。

33

翻弄（ほんろう）

天佐具女命（あまのさぐめのみこと）
からのメッセージ

人を翻弄してはならぬ。おのれ自身も翻弄してはならぬ。神とは決して人を翻弄することはなし。おのれを信じなさい。

まさよのワンポイント

人が吐く恐れの言葉に翻弄されてはいけません。それはあなた自身があなたを信じていない証拠です。あなたの大きな力は、安心なのです。

34

止まる

荒波々幾大神（あらはばきのおおかみ）
からのメッセージ

動かざることで機を見よ。そのときを見逃さずして機運を得よ。その鍛錬(たんれん)をすること。いつか必ず役に立つ力となる。

まさよのワンポイント

歩き疲れたら休むように、ふと立ち止まると次の道が見えてきます。道は探すのではなくて、見えてくるものです。疲れたら休みましょう。

35

仕(つか)える

荒波々幾(あらはばき)の神龍(シェンロン)
からのメッセージ

そなたに仕える。運を動かすとき必ずそなたに教える。わが合図、正面なり。

まさよのワンポイント

神龍の左目は「疑心の目」、右目は「心許す目」です。神龍が二つの目であなたを正面に見たとき、あなたに全幅の信頼をおきます。

36

ぬくもり

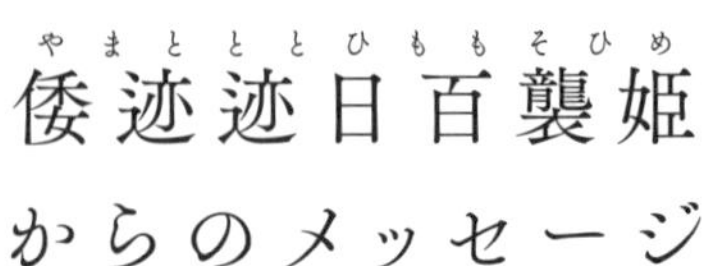

倭迹迹日百襲姫（やまとととひももそひめ）
からのメッセージ

あなたの温かさは、誰よりも知っている。それを誇示せずとも、必ず人は見ているもの。あなたのぬくもりや優しさは、自分を助けるもの。忘れてはなりませぬ。

まさよのワンポイント

あなたが真摯(しんし)にしていることは、必ず人に伝わります。そして人に伝わったときが終わりではなくて、その先が続くのです。あなたでいいのです。

37

全容（ぜんよう）

岐（くなど）の神（かみ）
からのメッセージ

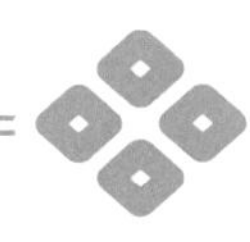

あなたが誰かを裁かずとも、いずれときが裁くであろう。悪事とはすべて明らかになるものである。あなたの気をもんではならぬ。天に任せてみよ。

まさよのワンポイント

たとえ許せない相手がいても、すべては天の采配にお任せすることです。あなたの心を波立たせてはもったいないと思います。大丈夫。わたしの心、大丈夫。

38

全能

火之夜藝速男神（ひのやぎはやおのかみ）
からのメッセージ

火を扱うものは、すべてを掌握(しょうあく)できる者なり。そなたにはその力がある。火を恐れるのではなくて火を正しく扱うことが大切なり。火とはおのれの欲。欲は制してこそ正しく使える力なり。

まさよのワンポイント

力を持つことは誇示することでも、威張ることでもありません。その力を人のために使ってこそ意味を持つのです。真摯な人でありたいと願いましょう。

39

地図

あまつみかぼし
天津甕星
からのメッセージ

地に地図があるように、天にも地図あり。そしてそなたの心にも地図がある。道に迷うたならば、そなたの地図を見よ。大きく広げてみるがよい。必ず指針が見えてくる。そなたの指標を見つけよ。

まさよの
ワンポイント

心の地図は普段は丸まっていて見えないけれど、広げてみると、自分のいる場所も次に進む道もわかるものです。あなたの地図を見てみましょう。

40

消える

大口真神（おおぐちのまかみ）
からのメッセージ

この地にこの山に仕えたものなり。この地を守りしものなり。われ真の力弱まりしは世に終わりを告げるとき。姿消しさったとてわれの強さこの地に残そう。そなたや人の祈りにて再び回天(かいてん)す。希望は再生なり。

まさよのワンポイント

ときに神として崇(たか)められ、ときに悪しき者として疎まれる神々がいます。それは人間の都合や身勝手さがそう決めているだけです。

41

繋（つな）ぐ

カンナカムイ
からのメッセージ

小さな米粒にも、ひと粒ひと粒に命あり。それらを取り込むことでそなたの命を繋げている。脈々と受け継いでゆけ。そなたを繋げてゆけ。力を意識して取り込め。

まさよのワンポイント

あなたはこの世界に何も残せていないと思うかもしれませんが、あなたが生きていることですでにたくさん残しているのです。生きてきてくださり、ありがとう。

42

解(と)

く

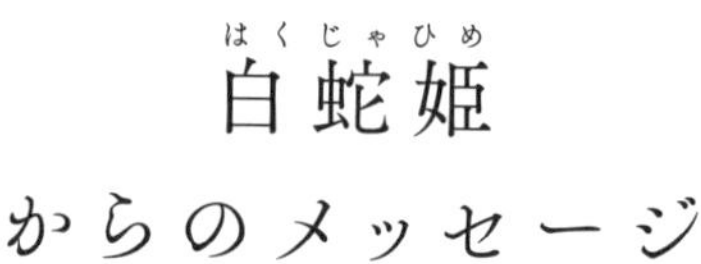
白蛇姫(はくじゃひめ)
からのメッセージ

寓話(ぐうわ)の中にこそ真実がある。その寓話を読んでこそ理解が深まりゆく。それはおのれを理解していくことでもある。そなたの真実とは何じゃ？

まさよのワンポイント

あなたの真実は、あなたの中にしかありません。何が起ころうとも、あなたの真実は揺らぐことがありません。あなたをもっと信じてあげてください。

羽

あなたが眠りにつくとき、
お布団をかぶせるように
ふわりと温かなものに包まれます。

それは天使の羽かもしれません。
女神の羽衣かもしれません。
大いなる光かもしれません。

ただ温かいものに、
ふわりと包まれてみてください。
それはあなたを癒すゆりかごです。

偉かったね。
すごいね。
頑張ったね。
愛しているよ。
大好きだよ。
安心してお眠りなさい。

43

届ける

神大市姫命（かむおおいちひめのみこと）
からのメッセージ

山には山の恵みありて、海には海の恵みあり。それらの恵みをあなたに届けよう。ありがたきかな、ありがたきかな。感謝して受け取りましょうぞ。遠慮はいりませぬ。

まさよのワンポイント

こうして日々生きているだけで、わたしたちはさまざまな恵みをいただいているのです。それはなんと素敵なことでしょう。

44

昇る

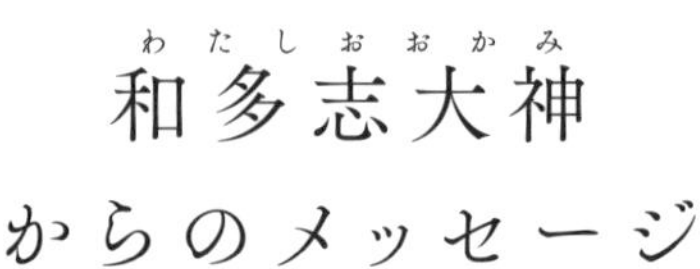

和多志大神
からのメッセージ

多くの魂を合わせ、そなたが存在している。そなたの中には多くの命あり。その願い昇華しおのれを知る。眠っているのは誰じゃ。目を覚ませ、わが魂よ。

まさよのワンポイント

あなたの魂は、たくさんの命の記憶を紡いでいます。あなたが生きぬくことが誰かの昇華であり、誰かの弔(とむら)いなのです。

45

反射

石凝姥命（いしこりどめのみこと）

からのメッセージ

あなたを映すものすべてはあなたなり。映すのなら心安らぐものを、楽しきものを映しなされ。恐れはいりませぬ。あなたに禍（わざわい）はいりませぬ。

まさよのワンポイント

あなたの心が不穏に波打つなら、それは正解ではないのです。あなたが心地よくないなら、見ないこと聞かないことも、ときに大切なのです。正解はあなたです。

46

煩（わずら）い

蕩霊（くさひとがた）からのメッセージ

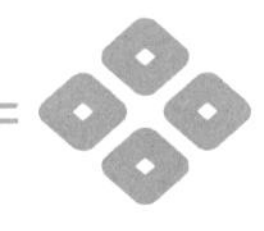

煩いとは心の穢れである。長いことそなたは誤解をされてきた。いまそなたの穢れが晴れるときである。見事に復活してみせよ。本来のそなたを見せよ。煩いはいらぬ。

まさよのワンポイント

あなたはいつも誤解されてきました。誰も本当のあなたを知りません。真のあなたを知っているのは、あなただけなのです。

47

静観（せいかん）

黒のアマテラス
からのメッセージ

漆黒は恐れではない。そなたの中の闇を見よ。闇を見つめよ。闇は自分の中の静寂を知る。明け暮れに静寂であれ。そなたの静寂を知るがよい。

まさよのワンポイント

自分の中のある心の闇を上手に見てあげましょう。闇は恐れるものではなくて、知己(ちき)を得る機会なのです。いろんなあなたがいてもいい。それでも大好き。ありがとう。

48

得る

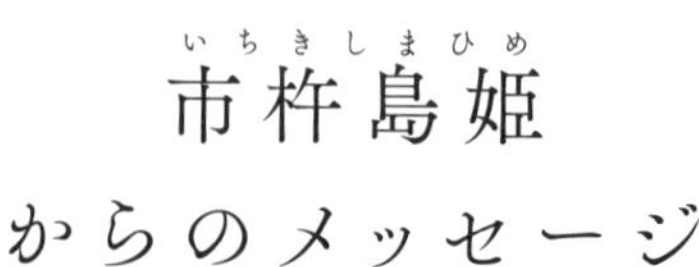

市杵島姫（いちきしまひめ）
からのメッセージ

泣きたまへ、泣きたまへ。泣くに限りあり、泣くは力をたぎらせるもの。涙に限りあり、流したぶんだけ智恵増えて幸くる。

まさよのワンポイント

涙は心の浄化です。我慢せずに流したいだけ流しましょう。人は皆それでバランスを取っているのです。

49

見渡す

武居蝦夷命(たけいえぞのみこと)

からのメッセージ

進むも退くもすべては流れるままに。流れにあらがうと苦しむことになる。力みを抜いて流れるに任せ、じきに落着するであろう。

まさよのワンポイント

八方ふさがりで身動きが取れないように思うときでも、道は上にもあるのです。そういうとき、天に空に、ただ委ねてみましょう。

50

凍(こご)え

雪姫(ゆきひめ)からのメッセージ

凍(い)てらせよそなたの心。見るでない、聞くでない。心凍てらせよ。
静止のときである。それでも星霜(せいそう)になりて、心融(と)けるであろう。

まさよの
ワンポイント

ときには見て見ぬ振りをしてもよいのです。心がざわつきますが、それにとらわれてはいけないこともあるのです。あなたなりの楽しいことに切り替えましょう。

51

颯(はやて)

雪姫(ゆきひめ)の青狼(せいろう)からのメッセージ

神通力(じんつうりき)をお授けいたそう。迷いあらばいつでも駆けつける。覚えている、覚えている。そなたの匂いがわれを呼びたもう。

まさよのワンポイント

青狼は、あなたが呼び出すのを待っています。呼べばすぐに駆けつけてくれるでしょう。

52

交(まじ)わり

阿蘇都彦命(あそつひこのみこと)からのメッセージ

人と交わりしは悠久（ゆうきゅう）の教えとなる。人と人が交わるは意思伝達となり、いさかいごとなきにして、神と交わりしは逡巡（しゅんじゅん）なき以心伝心となる。

まさよのワンポイント

言いたいことを飲み込むことが多いあなたは、ときには思っている胸の内をきちんと表すことも大切です。一人のときだけでも、あなたの言葉を口に出してあげてください。

53

渡す

宇賀神（うがじん）
からのメッセージ

われの姿、人が創りし姿なり。われ神徳、人が創りしものなり。されど、われ必要とするものに、わが力与えし。そなたの代わりとなろう。

まさよのワンポイント

願う者に与えてやろうと思うのは、神様も宇宙も同じなのです。

54

平衡(へいこう)

櫛真智命(くしまちのみこと)

からのメッセージ

すべてはどちらに傾くかで決まる。どちらにも傾かぬことは、迷うことを知らぬ。誰かの道を歩まなくてもよい。わが道をゆけ。

まさよのワンポイント

多くの人がそう言うから従うのではなくて、あなたはどうしたいのか、どうしたくないのか、それで決めてよいのです。あなたの中にある声を聞いてあげてください。

55

出す

木花咲耶姫(このはなさくやひめ)
からのメッセージ

「花のようにか弱き」は思い込みゆえ、そなたの弱さも思い込みである。誰よりも気の強き者だということ、気づかぬはおぬしのみ。出してこそ意味があり、出してこそ味がある。

まさよのワンポイント

自分は弱いと思い込んでいるだけかもしれません。誰の中にも、あなたの中にも意地があります。意地は強い意志です。ときに意地を張ることも大事です。

56

過去

和豆良比能宇斯能神（わづらいのうしのかみ）
からのメッセージ

往日(おうじつ)悔やみしこと多かりきとて、あやまち赦(ゆる)すことは現下なり。神も人も誤りあるもの。いづれ化成(かせい)なる。往時を思うて嘆くべらかず。

まさよのワンポイント

生きていたら大小にかかわらず過ちをおかします。馬鹿だなぁと思うことで、目が覚めるのです。これが一番大切なのです。失敗したあなたを愛してあげてください。

57

集まる

天之狭土神（あめのさづちかみ）

からのメッセージ

土から生まれ土に帰るもの。海に生まれ海に帰るもの。山に生まれ山に帰るもの。空に生まれ空に帰るもの。すべては集約である。起点はそなた。

まさよのワンポイント

あなたが何を信じていてもいいのです。あなたの信じるものが真実なのです。軽やかに生きましょう。

58

約束

若姫（わかひめ）

からのメッセージ

われは気まぐれじゃ。そなたも気まぐれであれ。忠実も忠誠もいらぬもの。そなたの負担になるのなら、つまらぬ約束など止めてしまえ。

まさよのワンポイント

気が向かないことは、やめること。わたしたちの生きるこの世界はとてもシンプルです。ヨシヨシ、わたし。それでいいのです。

59

精励（せいれい）

佐保姫（さほひめ）
からのメッセージ

春呼ぶに、花咲かすに努力あり。人々が美しきことに感嘆せしも、奮励(ふんれい)の先にある。

まさよのワンポイント

あなたがもし褒められて頑張れるならば、誰かの称賛を待つよりも、どうぞ真っ先にご自分を褒めてあげてください。あなたを理解するのは、あなたでいいのです。

またね

愛おしい人とお別れをしたとしても、
そのさみしさは、
懐かしさでいっぱいなのです。
懐かしさのあとに、
さみしさはあるのです。

いつの日かまた逢える日まで、
ほんの少しの「またね」を
わたしたちはしているだけなのです。
またいつか逢える日まで少しだけ
「またね」

60

成（な）す

大事忍男神（おおことおしおのかみ）
からのメッセージ

大きなこととは、小さきことの集まりなり。小さきことを大切にしてこそ、大成なり。

まさよのワンポイント

一生懸命してはいるけど何の足しにもならない……と思えることほど、知らない間に大きな恩恵をもたらしているのかもしれません。

61

輝き

豊玉姫（とよたまひめ）
からのメッセージ

われ珠（魂）とは神のあかしなりて、そなたの珠もまた、神のあかしなり。磨きたもうぞ、神の心。

まさよのワンポイント

わたしたちは、ただ神様の御心をお預かりしているだけなのです。

62

まっすぐ

筒姫（つつひめ）

からのメッセージ

怒り狂うほどに何もかも成長せしもの、そなたの怒りもまた先の成長なり。怒りもまたおのれを育てる栄養となる。

まさよのワンポイント

怒りを感じたときにきちんと怒っておくと、あとがラクです。その怒りを延々と持ち続けなくてもいいのですから。

善女竜王（ぜんにょりゅうおう）からのメッセージ

われ自由なり。誰の遣（つか）い手にもならず、誰にもとらわれず、従わず、自由である。われとそなたはまことに似ておる。合わせし、そなたを合わせし。

まさよのワンポイント

あなたの心や魂は自由です。誰もあなたを縛ることはできません。あなた自身からさえも、自由なのです。

64

日（ひ）

大日孁貴（おおひるめのむち）からのメッセージ

神にそれぞれに役割がありて、宙（そら）にも地にも役割がある。そなたにも役割ありて、人には人の為事（しごと）あり。

まさよのワンポイント

お父さんの役、お母さんの役、子どもの役。大層な役割ではないと思うかもしれませんが、実はかけがえのない役割なのです。

65

夜

月夜見尊（つくよみのみこと）
からのメッセージ

そなたの存在に意味があり。なに一つ無駄のない意味がありて、その所在に悩むことなきよう、月あかりでそなたの心照らそうぞ。

まさよのワンポイント

自分が誰なのか、なぜ存在しているのか、答えがほしいとき。そんなときは「息をしていること」「笑うこと」「恐れること」、それが答えでいいのです。

66

意味

瓊瓊杵尊（ににぎのみこと）
からのメッセージ

民を助くるために働くこと、われ喜びなり。働くことに喜びを見つけよ。さすればいまより富(とみ)は増すであろう。

まさよのワンポイント

仕事に生きがいを見つけられないときがあります。でもあなたが働いてくださることで、会社や誰かが回ります。あなたも回ります。どうせ回すなら、愛をそえて回しましょう。

67

豊か

保食神（うけもちのかみ）
からのメッセージ

与えしものは豊かなり。与えし心はどこまでも豊かに広がりゆく。
見返りなど求めてはならぬ。

まさよの
ワンポイント

豊かになろうと思うきっかけは、「誰かを喜ばせたい」という想いなのかもしれません。

68

酸素（さんそ）

頬那美神（つらなみのかみ）

からのメッセージ

われすべてを受け入れよう。そなたの思いなにもかも、預けよう。
すべて預けたなら、荷は下りるであろう。

まさよのワンポイント

抱えきれないものがあるときは、その荷を下ろすことよりも、なくすことよりも、少し休むことが大事なのかもしれません。

69

儀軌（ぎき）

比売大神（ひめおおかみ）
からのメッセージ

われに儀軌なき、そなたにも儀軌なきにして、そなたの儀軌はそなたで作ればよい。いまあることで嘆くことなどなにもない。

まさよの
ワンポイント

あなたの儀軌（ルール）を決めるのは、ほかの誰でもなくあなた。あなたが決めてよいのです。あなたのルールでいいのです。

70

才知（さいち）

奴奈川姫（ぬなかわひめ）
からのメッセージ

才とは生まれ持った能、そなたにもあるその才能を発揮してみよ。そなたの能を使うこと、好機に恵まれることとなる。使わぬは粗末なり。

まさよのワンポイント

ほかの誰かよりも秀でてなくてもいいのです。あなたの得意は大好きなことかもしれません。誰かへの心遣いも立派な特技だと思います。

71

険相（けんそう）

菊理姫（くくりひめ）
からのメッセージ

ほかを責めればおのれも責められる。物事には塩梅（あんばい）があるゆえ、そこを超えてはならぬもの。賢くありなされ。

まさよのワンポイント

人は誰かのせいにしていると、とてもラクなものです。だけどそれでは、いつまで経っても幸せにはなれません。本当のことが見えないままかもしれません。

72

探しもの

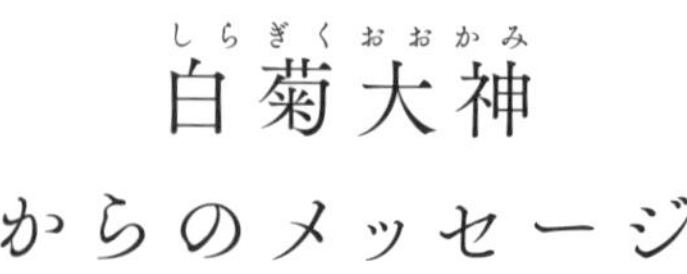

白菊大神（しらぎくおおかみ）

からのメッセージ

われの姿見たものおらず。しかしわれはいたるところにおる。いたるところで祀(まつ)られており、その名は違えどいまも在る。われを見つけ、われを探せ、そなたの中に。

まさよのワンポイント

不思議な存在は、どこか遠くの特別な場所にいるのではなくて、いつでもわたしたちの中に在るのです。

夢

大きな夢がありました。
その夢はどうなったのか、
どこに行ってしまったのかわかりません。
だけど夢を見ていたことが
楽しかったのです。
夢を見ているときが
嬉しかったのです。
あなたの夢、
それはあなたの大切な人を
笑顔にすることなのかもしれません。

73

万象（ばんしょう）

姉倉比売（あねくらひめ）
からのメッセージ

人を欺(あざむ)いてはならぬ。裏切られたとて裏切ってはならぬ。あめつち神世も人世も原理は同じ。万有のことわりなり。

まさよのワンポイント

だまされることも利用されることも幸いです。自分の素直さを知るからです。そうして次は、同じことは繰り返さないでしょう。さあ、あなたのステージが一つ上がりました。

74

望み

高御産巣日神（たかみむすびのかみ）
からのメッセージ

宙の粒より小さきものなれど、何より大きな者、遠大にてそのままでよい。そのままでよいと思えし心は、神の御心を知る心なり。先を導く心なり。

まさよのワンポイント

小さなものだけど、「わたしが宇宙」でした。わたしが「そのもの」でした。あなたが宇宙の光なのです。

75

四方八方(しほうはっぽう)

武甕槌(たけみかづち)からのメッセージ

六合（りくごう）に進めぬとき天を見よ。天を見上げて道を仰ぐことは決して諦めぬこと。

まさよの
ワンポイント

あなたがいる場所が、常に宇宙の中心なのです。どこかに行かなくてもここに道はあるのです。そう思えるだけで、未来が見えてきます。

76

刹那（せつな）

奥津比売（おきつひめ）

からのメッセージ

切ないのう、やるせないのう。泣けてくるのう。そんな心も大切だ。
そんな心も凌駕(りょうが)してゆけ。それがそなたにはできる。

まさよのワンポイント

あなたの心を空に映してみてください。悲しいならその理由を。ご機嫌ならば夢を描きましょう。空はあなたのキャンバスです。

77

声

八上姫(やがみひめ)
からのメッセージ

人の怒りを鎮めるには、ただ冷静になるがよい。人の誹謗(ひぼう)には、頭の声を絶つがよい。聴こえるはおのれの声、神の声でよい。

まさよのワンポイント

誰かの言葉に翻弄されているときは、自分を信じきれていないときです。簡単ではないかもしれませんが、ゆっくりでいいので、いま一度、あなたを信じてあげてください。

78

触(さわ)る

神石(かみいし)
からのメッセージ

われ動かずとも万古からここに在りて地を守りし者。泰平願いて幾(いく)星霜(せいそう)、未来永劫(みらいえいごう)変わらず在り続ける。変わらぬことも必要なり。

まさよのワンポイント

ときは常に移りゆくもの。その中で変わらないことも、また変わることも、どちらであってもよしとしましょう。いつでも、あなたの決断が正解なのです。

79

切る

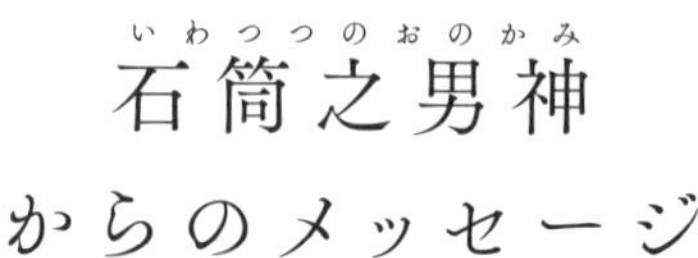

石筒之男神（いわつつのおのかみ）
からのメッセージ

断ち切るは新たな始まりなり。要は断ち切る者の荒胆（あらぎも）のみ。

まさよのワンポイント

清算するということは、きれいになることだと思います。身も心もきれいになったなら、そこから新しい何かが出てくるかもしれません。

80

水

瀧祭大神（たきまつりのおおかみ）

からのメッセージ

ことわりとは、悠久の先にありて知るもの。大義も命の営みも、すべては悠久なりて、人のためとなる。

まさよのワンポイント

雨が長い年月をかけて伏流水となるように、あなたのしていることは、いつしか自分以外の誰かのためになるのだと思います。

81

求める

天下春命（あめのしたはるのみこと）からのメッセージ

抗（あらが）われしこと、疎（うと）まれしこと、卑賤（ひせん）されしことは黎明（れいめい）なり。進むべきはおのれの信念のみ。

まさよのワンポイント

初めて何かをしようとすると必ず抵抗にあいます。そこで諦めてしまうのか、それを追求するのかで、道が変わってくるのです。あなたの愛の道を信じてあげましょう。

82

糧（かて）

五十猛神（いそたけるのかみ）
からのメッセージ

先を見通す行いは、おのれを豊かにするもの。ならぬならぬ、いまに胡坐(あぐら)をかいてはならぬのじゃ。

まさよのワンポイント

人は先を見据えてばかりはいられません。だけどいまの幸せはお陰様であって、当たり前ではないのだと思います。

83

従う

安徳天皇（あんとくてんのう）

からのメッセージ

何事かわからざるも、天に命じられたは順応なり。天に従うは光明なり。すべては天がお決めになること。

まさよのワンポイント

自分で決めているようで、本当は決めさせられているのではないかと思うことが、人生にはたびたびあるものです。それでいいのです。

84

与える

天之水分神（あめのみくまりのかみ）
からのメッセージ

心を配るは人に与えしこと。与えしことは豊かなり。けして枯れることはない。

まさよのワンポイント

自分だけが幸せになることよりも、多くの人が幸せになることを考えたほうが人生は楽しいように思います。

85

尋(たず)ねる

饒速日命(にぎはやひのみこと)
からのメッセージ

おのが世が正しくばそれで良し。おのが世が間違うているならば、知ることに意ありて。

まさよのワンポイント

自分が正しい、正しくないと思っていることは、もしかしたら逆かもしれません。そこに気づけることが大切なのだと思います。

鬼神（おにがみ）
からのメッセージ

人の誤解などいつかは晴れるもの。肝要なるは、おのれの弱さに崩れぬこと。対敵はおのれの弱さなり。

まさよのワンポイント

多くの人に誤解されていても、あなただけは、自分を誤解しないでください。あなたはご自分を認めてあげてくださいね。

87

呼ぶ

菅原道真公（すがわらのみちざねこう）
からのメッセージ

目の前になきものでも、信ずる念にて現れるもの。創りしものは人の心なり。

まさよのワンポイント

信じることで、何かが形になるものなのかもしれません。だけど信じるだけではなくて、そこには努力も大切なのです。

88

拾う

興玉神（おきたまのかみ）
からのメッセージ

この世は宝の国なり。あらゆる場にいたるところ、そなたの足下にある。それを拾いたまへ。

まさよのワンポイント

神様は、この国に宝物を持っていらっしゃいました。宝物とは土であり、雨であり、目に映る美しいものすべてです。

89

開く

大山津見神（おおやまつみのかみ）
からのメッセージ

おのが足で歩いてこそ道ができる。誰かが創り出した道を歩いても、新たな道は開かれぬ。

まさよのワンポイント

あなたの道、あなたの未来は自分で切り開いていいのです。誰かの足跡をたどっていては、いつまでもあなたの道を歩くことはできません。どうぞあなたの道を歩いてください。

90

物語

玉櫛媛（たまくしひめ）からのメッセージ

そなたが生きてきたこと、すなわちそなたの物語なり。誰彼（たれかれ）は知らねども、それでも御前上等な物語なり。

まさよのワンポイント

あなたの人生は、誰かと比べることなどできません。あなたが生きてきた人生は、ほかの誰にも劣らない物語なのだから。あなたの人生さん、ありがとう。

91

見える

天目一箇神（あめのまひとつのかみ）
からのメッセージ

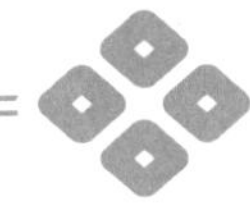

物事を創り出すは天との約束ありてできること。そなたも天の約束のもとに創り出されたものだということ、忘るるなかれ。

まさよのワンポイント

わたしたちは天（神様）とお約束して生まれてきたのです。それは精一杯に日々を、あなたを生きることだとそう思います。

92

振り幅

道返之大神（ちがえしのおおかみ）
からのメッセージ

どこまで信ずるか、どこまで信じぬか、見極めは常に真ん中にいること。どちらかに偏る（かたよる）と、戻ることが難儀である。

まさよのワンポイント

あなたを誰かに預けてはいけないのです。あなたはあなたに全幅の信頼を寄せてあげてください。あなたを導くのはあなたなのです。

93

数

珠祖命（たまのおやのみこと）

からのメッセージ

きれいな玉も、汚れた玉も全部ある。どう自分の中で折り合いをつけるのかである。

まさよのワンポイント

わたしたちには、過ちも多いことでしょう。きれいな心も汚れた心もどちらも大事だと思える心が、素晴らしいのです。

ありがとう

いつも口にしていたい
「ありがとう」という言葉。
伝えたかった相手に
面と向かって言えなかったとしても
「ありがとう」のエネルギーは
時空を超えて届くのです。
言えなかったのではなくて、

わたしたちはいつだって言えるのです。

いまこの瞬間にも伝えられるのです。

あなたの大切な人に
「ありがとう」

そう伝えてください。

94

対角線

少彦名神（すくなひこなのみこと）からのメッセージ

小さきものとあなどられてはおるが、小さきは武器である。そなたの謙虚さは大きな知恵である。

まさよのワンポイント

謙虚であることは、多くの智恵を産み出します。多くの力が加わります。その力こそ、神様のお力です。

95

抜く

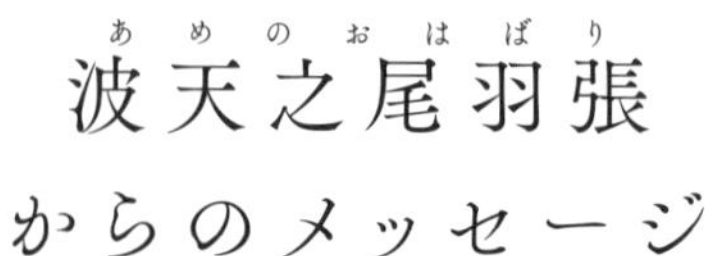

波天之尾羽張（あめのおはばり）
からのメッセージ

剣を懐に忍ばせよ。ときに剣を抜かなければならぬときがある。剣を持つがよい。

まさよのワンポイント

剣とは人を傷つけるためのものではなくて、どんな言葉にも決して崩れぬあなたを守るためのお守りです。

96

決まる

熊野速玉大神（くまのはやたまのおおかみ）
からのメッセージ

山にありてその誓い受けた者。海にありてその誓い受けた者。誓いとは決めること、決まること。すなわち永遠なり。

まさよのワンポイント

自分のお役目が何なのかはきっと誰もがわからないけれど、いま在ることが約束であり誓いのように思います。わたしの誓いは、いまここで生きること。

97

比べる

遠津山岬多良斯神（とおつやまさきたらしのかみ）

からのメッセージ

遥か遠き先にも幸ありて、近く場所にも幸ありき。この平和を永遠（とわ）にせしもの重鎮なり。

まさよのワンポイント

誰でもどこにいても幸せでなければいけなくて。誰かの、どこかの国の犠牲の上の幸せは、本当の幸せではないと思います。

98

疲労

天香香背男（あめのかがせお）
からのメッセージ

迷いあるならやめにせよ。迷いあるはいまではなし。

まさよのワンポイント

心も体も疲れていては、よい判断ができません。迷うときは休息が一番の道標になります。さあ、目を閉じて深呼吸をしてみましょう。

99

考える

一言主（ひとことぬし）

からのメッセージ

余る言葉はいらぬ。余計はいらぬ。ただ必要な言葉のみが相手に伝わるもの。

まさよのワンポイント

相手を思って言う言葉は、必ず相手に伝わります。相手を思う「言」には愛があり、相手を陥れる「言」には、憎しみがあります。愛を伝える人でありましょう。

100

渡る

天津日子根命（あまつひこねのみこと）
からのメッセージ

潮を渡る風になり、降り注ぐ雨になり、この地に湧きいづる水となる。そなたの役になる。そなたのためになる。

まさよのワンポイント

この日の本の神様方は、人々のお役に立ちたいのです。あなたのお役に立ちたいのです。神様方はそれを知って欲しいのです。

おわりに

この本をお読みくださいまして、ありがとうございます。

いつからだったでしょうか。神社をお参りすると、古の神様からの語りかけを感じるようになりました。

立派なお社を持ち、多くの人が手を合わせる神様もありますが、名も忘れられた神様をわたしたちはお労りしなければなりません。

神様は、皆さんにも気づいて欲しいのだと思います。

人が崇めてそして排除されて変えられたとしても、原始の神様はただそこにいらっしゃいます。それらは、忘れ去られた悲しみや怒りではなくて、気づいた者たちが労るように手を合わせて感謝をお伝えすることで満足なさるのです。

どうぞ、お社にお祀りされた神様の神名を通して、その奥に意識を向けてくださいませ。

神を崇めるとは、神と共に在ること。

古来、神様は太陽であり、月であり、宇宙であり、おのれであり、生かされていることへの感謝でした。その畏敬が万物を神としました。

ですので、神々と意識を合わせていただくことで、あなたと神様との合わせが起こります。

あなたは、いつでも自由です。

わたしたちの魂は自由なのです。

あなたの心が自由であるならば、神様もまた自由でいらっしゃるのです。

そしてわたしたちの感覚には、源（ソース）の記憶と神の記憶がございます。

区別をすることはできないのですが、すべては一つの森羅万象なのです。

まさよ

まさよ

魂カウンセラー、魂ナビゲーター。
幼い頃から不思議な体験をしたり声を聴いたりして過ごす。ある日大きな光に包まれ、視えない世界のしくみを知る。穏やかな人柄やその霊視能力の高さが評判を呼び、口コミだけで予約数ヶ月待ちの人気カウンセラーに。現在はより多くの人々を癒すために活動の場を全国に広げ、講演や執筆に日々奔走している。『はじめての透視リーディング』（永岡書店）、『生きづらい人生を幸転させる まさよのレイキヒーリング』『神様とつながり、幸せが勝手にやってくる イメージの魔法』『まさよの魔法学校 視えないものを視るレッスン』（以上KADOKAWA）など著書多数。

●まさよオフィシャルブログ「愛してるよ 大好きだよ」
https://ameblo.jp/itigomicanuri/

365日(にち)のお守(まも)りメッセージ
日(ひ)の本(もと)の神様(かみさま)あわせ

2023年7月26日　初版発行

著者／まさよ

発行者／山下直久

発行／株式会社KADOKAWA
〒102-8177　東京都千代田区富士見2-13-3
電話　0570-002-301（ナビダイヤル）

印刷所／大日本印刷株式会社
製本所／大日本印刷株式会社

●お問い合わせ
https://www.kadokawa.co.jp/（「お問い合わせ」へお進みください）
※内容によっては、お答えできない場合があります。
※サポートは日本国内のみとさせていただきます。
※Japanese text only

定価はカバーに表示してあります。

ISBN 978-4-04-606435-6 C0095

オリジナルひとがた

魂の同調さん

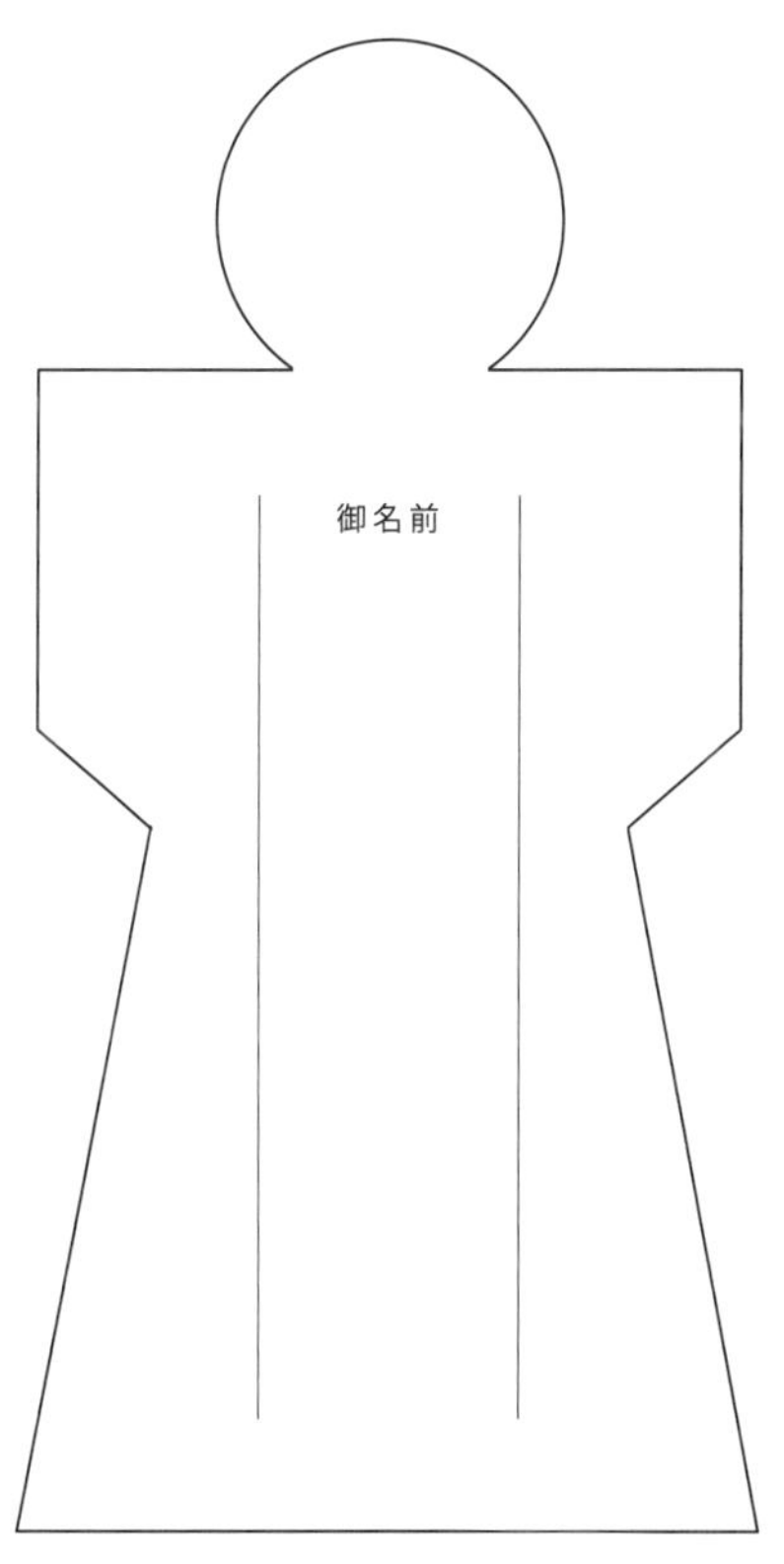

＊切り取って使っていただいても、

コピーして使っていただいても大丈夫です。